Paprikapesto &
Pfirsichchutney

# Paprikapesto & Pfirsichchutney

*Vegetarische und vegane Saucen, Chutneys und Pestos*

Susanne Heindl / Sabine Fuchs

Jan Thorbecke Verlag

**VERLAGSGRUPPE PATMOS**

PATMOS
ESCHBACH
GRÜNEWALD
THORBECKE
SCHWABEN

Die Verlagsgruppe
mit Sinn für das Leben

Hinweis: Manche Lebensmittel, z. B. Essig, Senf oder Zucker, sind vegan oder nicht vegan erhältlich. Wir haben Rezepte, die solche Zutaten enthalten, trotzdem als vegan gekennzeichnet. Wenn Sie sich vegan ernähren, achten Sie bitte beim Kauf der Lebensmittel darauf, ob diese als vegan deklariert sind. Bitte beachten Sie auch, dass manche Käsesorten mit tierischem Lab hergestellt werden. Wenn Sie also vollständig auf Produkte verzichten möchten, für die Tiere getötet werden, so sollten Sie auf Käse mit pflanzlichem oder mikrobiellem Lab achten.

FSC www.fsc.org MIX Papier aus verantwortungsvollen Quellen FSC® C028513

Für die Schwabenverlag AG ist Nachhaltigkeit ein wichtiger Maßstab ihres Handelns. Wir achten daher auf den Einsatz umweltschonender Ressourcen und Materialien.


www.thorbecke.de

Gestaltung: FUCHS DESIGN, München
Druck: Süddeutsche Verlagsgesellschaft, Ulm
Hergestellt in Deutschland
ISBN 978-3-7995-0595-6

Inhalt

Ob Grillsaucen, Chutneys, Pestos oder Salatdressings: Wir zeigen Ihnen, wie Sie schnell und einfach raffinierte Saucen zubereiten, die ganz anders und viel köstlicher schmecken als alles, was Sie fertig im Supermarkt kaufen können.

Ihre Gäste werden staunen! Und das Beste: Diese Saucen kommen ohne Konservierungsstoffe aus, und Sie wissen ganz genau, was drin ist. Aus saisonalen Kräutern und Gemüse entstehen leckere Saucen wie Rhabarberchutney, Kürbispesto und Aprikosendressing.

Unsere Saucen geben gegrilltem Fleisch, Fisch oder Gemüse den letzten Kick, verwandeln pure Nudeln in tolle Sommeressen und verleihen Salaten ein besonderes Aroma. Und wer Selbstgemachtes aus der Küche gerne verschenkt, der findet hier genügend Anregungen.

Alle Soßen sind vegetarisch, und für die Veganer unter uns haben wir die veganen Saucen besonders gekennzeichnet:
Wir wünschen Ihnen viel Spaß beim Zubereiten und Genießen!

Sabine Fuchs und Susanne Heindl

# ⇨ Grillsaucen

Mango, Kapern, Tomaten,
Pflaumen, Chili …

# Mango-Chili-Sauce

½ Mango, 100 ml Wasser, 2 TL Zucker, 6 TL Sushi-Essig, 1 kleine Chilischote, 1 kleine Knoblauchzehe, 1 Prise Salz, Pfeffer

- Die Mango schälen und halbieren. Eine Mangohälfte sorgfältig vom Kern lösen. Das Fruchtfleisch klein schneiden.

- Die Mangostücke mit 100 ml Wasser, dem Zucker und dem Sushi-Essig vorsichtig zum Kochen bringen. 20 Minuten köcheln lassen.

- Das Mangokompott pürieren. Die Chilischote in kleine Stücke schneiden, den Knoblauch schälen und mit der Knoblauchpresse in das Mangopüree pressen. Die Chilistückchen ebenso dazugeben.

- Die Sauce mit Salz und Pfeffer abschmecken. Nochmals fünf Minuten köcheln und danach abkühlen lassen.

# Thai-Ketchup

5 Tomaten, 100 g Zwiebeln, 1 Stück Ingwer (ca. 1 cm), 1 Knoblauchzehe, 2 EL Olivenöl, 20 g weißer Zucker, 30 g brauner Zucker, 1 EL rote Currypaste, 50 ml Sushi-Essig, 30 ml Sojasauce, 1 TL Chiliflocken

➜ Die Tomaten waschen, halbieren, den Strunk entfernen und das Fruchtfleisch in kleine Würfel schneiden. Die Zwiebeln, den Ingwer und den Knoblauch schälen und klein hacken.

➜ Das Olivenöl in einer Pfanne erhitzen, die Zwiebeln anschwitzen und den Zucker darüberstreuen. Die Currypaste, den Ingwer und den Knoblauch dazugeben und mit dem Sushi-Essig ablöschen. Die Tomaten, die Sojasauce und die Chiliflocken zu der Gewürzmischung in die Pfanne geben und gut verrühren. Die Tomatenmasse mit geringer Hitze zum Kochen bringen und so lange köcheln lassen, bis die Tomaten zu Ketchup verkocht sind. Eventuell pürieren.

# Chimichurri

1 Bund glatte Petersilie, 1 Bund frischer Oregano, 3 Knoblauchzehen, 2 TL Rotweinessig, 150 ml Olivenöl, ½ TL Chiliflocken, Salz, Pfeffer

➡ Die Petersilie und den Oregano waschen und trockenschütteln. Bei beiden Kräutern die Blätter abzupfen und in ein Gefäß geben.

➡ Den Knoblauch schälen und klein hacken. Den Knoblauch, den Essig, das Olivenöl und die Chiliflocken zu den Kräutern geben und mit dem Stabmixer pürieren.

➡ Nach Geschmack salzen und pfeffern.

Pflaumensauce

# ⇨ Pflaumensauce

250 g rote Pflaumen, ½ rote Zwiebel,
1 Knoblauchzehe, 1 kleine Chilischote, 1 Stück Ingwer (ca. 1 cm),
1 El brauner Zucker, 3 El Sonnenblumenöl, 50 ml Rotweinessig,
1 kleine Zimtstange

➜ Die Pflaumen gut waschen, entkernen und in 5 mm große Würfel schneiden. Die rote Zwiebel und die Knoblauchzehe häuten und in feine Würfel schneiden.

➜ Die Chilischote waschen, entkernen und in feine Ringe schneiden. Den Ingwer schälen und fein würfeln. Nun die Chili und den Ingwer mit dem braunen Zucker vermengen und in einem Mörser zerkleinern.

➜ Anschließend das Sonnenblumenöl in einer beschichteten Pfanne erwärmen und die Zwiebel- und Knoblauchwürfel andünsten, bis sie glasig sind. Nun die Chili-Ingwer-Zuckerpaste hinzufügen und leicht andünsten. Danach die Pflaumenwürfel dazugeben, den Rotweinessig angießen und die Zimtstange hinzufügen.

➜ Die Sauce bei niedriger Temperatur ca. 20 Minuten köcheln lassen, bis die Pflaumen weich sind. Zum Schluss die Zimtstange entfernen und die Obst-Gemüse-Mischung mit dem Pürierstab zu einem Mus verarbeiten. Nach dem Abkühlen kann die Sauce serviert oder in einem sterilisierten Glas eine Woche aufbewahrt werden.

# Honig-Senf-Sauce

4 kleine Dillzweige,
100 g süßer Senf, 100 g mittelscharfer Senf,
2 EL milder Honig, 2 TL Balsamicoessig,
2 TL Olivenöl, Salz, Pfeffer

➔ Die Dillzweige waschen, gut trockenschütteln und die feinen von den groben Dillstängeln befreien. Nun die feinen Dillstängel mit einem guten Messer in ca. 2–3 mm lange Stückchen hacken.

➔ Anschließend den süßen und den mittelscharfen Senf in ein Schälchen geben und den Honig, den Balsamicoessig und das Olivenöl kräftig mit einer Gabel unterrühren.

➔ Zum Schluss die Dillstückchen unterheben und mit Salz und Pfeffer abschmecken.

## ⇨ Mojo Verde

1 grüne Paprikaschote, 2 grüne Pfefferschoten, ½ Zitrone, 1 Bund glatte Petersilie, 2 Knoblauchzehen, 150 ml Olivenöl, Salz, Zucker

➡ Die Paprikaschote putzen und in grobe Stücke schneiden. Die Pfefferschoten in Ringe schneiden. Die Zitrone auspressen.

➡ Die Petersilie waschen und trockenschütteln. Die Blätter abzupfen und grob hacken. Den Knoblauch schälen und fein hacken. Alle Zutaten mit dem Stabmixer pürieren. Mit Salz und 1 Prise Zucker würzen.

## ⇨ Safran-Aioli

Abbildung S. 9

1 Eigelb, ½ TL Dijonsenf, 1 TL Zitronensaft, Salz, 300 ml Pflanzenöl, 2 Knoblauchzehen, ½ TL Safranfäden, Pfeffer

➡ Das Eigelb in einer Schüssel mit dem Dijonsenf, dem Zitronensaft und einer Prise Salz verquirlen. Das Öl unter ständigem Mixen zunächst tropfenweise zugeben, bis die Masse andickt. Das restliche Öl zugeben, bis eine Mayonnaise entstanden ist. Den Knoblauch schälen und zu der Mayonnaise dazupressen. Die Safranfäden unterziehen und die Aiolicreme nach Geschmack salzen und pfeffern.

# Kapern-Tomaten-Sauce

1 Schalotte,
5 mittelgroße aromatische Tomaten,
1 kleiner Zweig Rosmarin (ca. 2 cm),
2 EL Olivenöl, 1 EL Kapern,
grobes Meersalz, Pfeffer

➜ Die Schalotte schälen und in feine Würfel schneiden. Die Tomaten gut waschen, den Strunk entfernen und in 1 x 1 $cm^2$ große Würfel schneiden.

➜ Den Rosmarinzweig abwaschen und gut trockenschütteln. Danach in einer kleinen beschichteten Pfanne 1 EL Olivenöl erhitzen und den Rosmarinzweig leicht anrösten. Den Rosmarinzweig aus der Pfanne nehmen und beiseite legen.

➜ Einen weiteren EL Olivenöl in die Pfanne geben und die Schalottenwürfel glasig andünsten. Im Anschluss die Tomatenwürfel zu den Schalottenwürfeln geben und leicht köcheln lassen.

➜ Wenn der Rosmarinzweig abgekühlt ist, die Rosmarinnadeln abzupfen und mit den Kapern in den Tomatensugo einrühren. Den Sugo mit grobem Meersalz und Pfeffer würzen und nochmals leicht köcheln lassen, damit sich das Rosmarinaroma in der Sauce entfalten kann.

# Englische Minzsauce

1 Bund Pfefferminze,
60 ml Wasser, 1 EL brauner Zucker,
60 ml Weißweinessig, etwas Zitronensaft,
Salz

- Die Pfefferminze waschen, trockenschütteln und fein hacken.

- Das Wasser in einem kleinen Topf zum Kochen bringen, den Zucker zugeben und so lange weiterköcheln, bis er sich aufgelöst hat. Dann den Topf vom Herd nehmen.

- Anschließend die gehackte Minze und den Weißweinessig in das heiße Wasser geben und mit einem Pürierstab vermischen.

- Nachdem die Sauce abgekühlt ist, noch mit etwas Zitronensaft und Salz abschmecken.

# ⇨ Scharfe kreolische Sauce

200 g aromatische Tomaten, 1/8 frische Ananas, 1/2 Stange Staudensellerie, 1/2 Schalotte, 1 Chili, 2 EL Sonnenblumenöl, 1 EL Tomatenmark, 2 TL Worcestersauce, grobes Meersalz, Pfeffer

➡ Die Tomaten waschen, entstrunken und in kleine Würfel schneiden. Die Ananas ebenfalls entstrunken, schälen und in Würfel schneiden. Den Staudensellerie waschen, von den harten Fasern befreien und in feine Scheiben schneiden. Die Schalotte häuten und fein würfeln. Die Chili waschen, entkernen und in feine Scheiben schneiden.

➡ Das Sonnenblumenöl in einer beschichteten Pfanne erhitzen und die Schalottenwürfel darin andünsten, bis sie glasig werden. Nun die Obst- und Gemüsestückchen, die Chiliringe und das Tomatenmark hinzufügen und alles ca. 20 Minuten köcheln lassen.

➡ Damit die Sauce eine schöne Konsistenz erhält, die überschüssige Flüssigkeit durch ein Sieb abgießen, sodass nur noch die Obst- und Gemüsestückchen übrigbleiben.

➡ Anschließend die Sauce mit 2 TL Worchestersauce würzen und mit Salz und Pfeffer abschmecken. Die Hälfte der Sauce pürieren und mit den restlichen Stückchen vermischen.

1 Zwiebel,
2 Knoblauchzehen,
3 kleine Chilis,
Sonnenblumenöl,
1 TL Currypulver,
1 TL Fenchelsamen,
1 TL Kardamom,
100 g geschälte Pistazien,
150 ml Sahne,
Salz,
Pfeffer

# Pistazien-Curry-Sauce

→ Die Zwiebel und die Knoblauchzehen häuten und in feine Würfel schneiden. Die Chilischoten waschen, von Stiel und Kernen befreien und die Schoten in dünne Ringe schneiden.

→ Etwas Öl in einer guten beschichteten Pfanne erhitzen und die Zwiebelwürfel leicht anbräunen. Anschließend die Knoblauchwürfel, die Chiliringe, das Currypulver, die Fenchelsamen und den Kardamom hinzufügen und etwas anrösten.

→ Die angerösteten Zutaten zusammen mit den geschälten Pistazienkernen und der Sahne in ein höheres Gefäß geben und alles mit einem Pürierstab zu einer cremigen Sauce verarbeiten.

→ Zum Schluss mit Salz und Pfeffer abschmecken.

# Habanero-Mango-Sauce

2 Stängel Koriandergrün,
1 reife Mango,
1 gelbe Paprika,
1 kleines Stück Habanero (Achtung: sehr scharf!),
1 Knoblauchzehe,
Salz

➔ Den Koriander waschen, trockenschütteln und die Blätter in grobe Stücke hacken.

➔ Die Mango schälen, vom Kern befreien und in Würfel schneiden. Die Paprika gründlich waschen, entkernen und ebenfalls würfeln.

➔ Den Habanero gut waschen und ein kleines Stück sehr fein hacken. Beim Verarbeiten von Habaneros empfiehlt es sich, Einmal-Handschuhe zu tragen oder die Hände nach dem Schneiden der Habaneros sehr gründlich zu waschen. Nicht in die Augen fassen!

➔ Nun die Knoblauchzehe häuten, durch eine Knoblauchpresse drücken und mit der Mango, der Paprika und den Habanerostückchen in ein höheres Gefäß geben. Anschließend die Zutaten mit einem Pürierstab zu einem Mus verarbeiten und mit etwas Salz abschmecken. Zum Schluss die Kräuterstückchen unterheben.

# Bananen-Curry-Sauce

2 Bananen,
Saft von 1 Zitrone,
1 Knoblauchzehe,
150 ml Kokosmilch,
2 TL Curry (English style),
eventuell 1 kleine getrocknete Chili (Piri-Piri),
Salz

---

→ Die Bananen in einer Schüssel mit der Gabel zerdrücken und gleich mit dem Saft einer frischen Zitrone beträufeln.

→ Die Knoblauchzehe häuten und durch eine Knoblauchpresse drücken.

→ Die Kokosmilch unter Zugabe des Currypulvers in einem Topf bei mittlerer Hitze erwärmen.

→ Anschließend die zerdrückte Banane mit dem Knoblauch in die Kokosmilch geben und ca. 5 Minuten bei niedriger Temperatur weiterköcheln lassen. Wer der Sauce eine pikante Note geben möchte, kann noch eine kleine getrocknete Chili in die Sauce bröseln.

→ Zum Schluss die Masse mit einem Pürierstab zu einer homogenen Sauce verarbeiten und mit etwas Salz würzen.

# ⇨ Hot-Chipotle-Sauce

★ Hot-Chipotle-Sauce passt besonders gut zu gegrilltem Fleisch und Mexican Food.

1 rote Paprika,
½ Zwiebel,
2 El Sonnenblumenöl,
½–1 TL Chipotle-Chilis, gemahlen,
2 El Tomatenmark, 100 ml Wasser, 1 El Zucker,
1 TL Balsamicoessig, Salz, Pfeffer

➜ Die Paprika gut waschen und in Würfel schneiden. Die Zwiebel häuten und die Zwiebelhälfte ebenfalls würfeln.

➜ Das Sonnenblumenöl in einer guten, beschichteten Pfanne erhitzen und die Zwiebelwürfel dünsten, bis sie glasig sind. Anschließend die Paprikastückchen zu den Zwiebeln geben und bei mittlerer Temperatur leicht anbräunen. Jetzt das Gemüse mit ½ TL gemahlenen Chipotle-Chilis bestäuben, das Tomatenmark, das Wasser, den Zucker und den Basamicoessig hinzufügen.

➜ Das Ganze gut verrühren und ca. 10 Minuten weiterköcheln lassen, damit sich die Geschmackskomponenten gut verbinden. Gegebenenfalls noch mit Salz, Pfeffer und Chipotle-Chilis nachwürzen. Nach dem Abkühlen kann die Sauce serviert werden.

CHEWAN

Salat-
saucen
Limette, Granatapfel, Ingwer,
Zitrone, Preiselbeer, Chili …

# ⇨ Zitronen-Oliven Vinaigrette

10 zarte Basilikumblättchen, 7 EL Olivenöl, 5 EL Zitronensaft, 1 TL grobes Meersalz, Pfeffer

➜ Die Basilikumblättchen vom Stängel zupfen & vorsichtig abwaschen.

➜ Nun das Olivenöl, den Zitronensaft, das Meersalz und etwas schwarzen Pfeffer aus der Mühle in ein Schüsselchen geben und mit einer Gabel kräftig durchrühren. Zum Schluss die Basilikumblättchen unterheben.

# ⇨ Limettendressing

1 Bio-Limette, 1 Knoblauchzehe, 2 EL Koriandergrün, 1 EL Weißweinessig, ½ TL Dijonsenf, 3 EL Olivenöl, 1 Prise Salz, 1 Prise schwarzer Pfeffer

➜ Die Limette halbieren und auspressen. Etwas Limettenschale abreiben. Den Knoblauch schälen. Die Korianderblätter fein hacken.

➜ Den Limettensaft und den Essig miteinander verrühren. Den Knoblauch dazupressen und den Senf unterrühren. Das Olivenöl dazugeben und alles verquirlen. Die Korianderblätter und die Limettenschale dazugeben. Mit Salz und Pfeffer abschmecken.

# Granatapfel-dressing

✱ Granatapfeldressing passt besonders gut zu zartem Feldsalat.

1 Granatapfel,
5 EL Olivenöl,
1–2 EL Ahornsirup,
2 EL Limettensaft,
Salz,
Pfeffer

→ Den Granatapfel halbieren, aus ca. einem Viertel des Granatapfels die Kerne lösen und dann beide Hälften mit Hilfe einer Zitronenpresse entsaften.

→ In eine kleine Schüssel 5 EL Olivenöl geben und den Granatapfelsaft, den Ahornsirup und den Limettensaft hinzufügen und alles kräftig verrühren.

→ Das Dressing mit etwas Salz und Pfeffer abschmecken und zum Schluss die Granatapfelkerne unterheben.

*Liebe Leserin, lieber Leser,*

gerne informieren wir Sie künftig über unsere Neuerscheinungen. Teilen Sie uns mit, für welche Themen Sie sich interessieren und schicken einfach diese Karte zurück.
Wenn Sie außerdem unsere Fragen auf der Rückseite beantworten, helfen Sie uns, zukünftig genau die Bücher zu machen, die SIE interessieren!

*Gerne revanchieren wir uns für Ihre Mühe:*
Unter allen Einsendern verlosen wir monatlich Bücher aus unseren Progammen im Wert von € 50,-

...............................................................

VORNAME / NAME

...............................................................

STRASSE / HAUSNUMMER

...............................................................

PLZ / ORT

...............................................................

E-MAIL

Bei Angabe Ihrer Mail-Adresse erhalten Sie rund 6 Mal jährlich unseren Newsletter, der Sie über die uns genannten Themenbereiche informiert.

Antwort

JAN THORBECKE VERLAG
VERLAGSGRUPPE PATMOS

Senefelderstraße 12
D-73760 Ostfildern

## Ingwer-Orangen-Dressing

1 Knoblauchzehe, 1 Stück Ingwer (2 cm),
2 EL Olivenöl, 1 Orange,
2 EL weißer Balsamicoessig,
1 TL Dijonsenf, 1 TL Zucker, 1 TL Salz

- Den Knoblauch und den Ingwer schälen, klein hacken und mit dem Olivenöl vermischen. Die Orange halbieren und auspressen.

- Den Essig, den Senf und den Zucker mit dem Orangensaft verrühren. Den Orangenessig zu dem Knoblauchöl geben und verrühren. Mit Salz und Pfeffer abschmecken.

## Preiselbeer-Orangen-Dressing

1 Orange, 1 zarte Lauchzwiebel, 6 EL Sonnenblumenöl, 1 EL Ahornsirup, 1 EL Wildpreiselbeeren aus dem Glas, Salz, schwarzer Pfeffer

- Die Orange entsaften und die Lauchzwiebel in feine Ringe schneiden. Das Sonnenblumenöl kräftig mit dem Saft der Orange vermengen und mit dem Ahornsirup süßen.

- Danach die Wildpreiselbeeren vorsichtig einrühren und das Ganze mit Salz und Pfeffer abschmecken. Zum Schluss noch ein paar Lauchzwiebelringe über das Dressing geben.

# Kerbel-Dill-Joghurtdressing

1 Stängel Kerbel, 1 Stängel Dill, 1 Frühlingszwiebel, 100 ml Naturjoghurt, ½ EL mittelscharfer Senf, ½ EL Weißweinessig, 1 EL Sonnenblumenöl, Salz, grober schwarzer Pfeffer, eventuell etwas Milch

➜ Den Kerbel und den Dill waschen, trockenschütteln, entstielen und die Kräuter grob hacken. Die Frühlingszwiebel waschen, eventuell trockene Blätter entfernen und den Rest in sehr feine Ringe schneiden.

➜ Den Naturjoghurt in ein Schälchen geben, den mittelscharfen Senf, den Weißweinessig und das Sonnenblumenöl zugeben und mit einer Gabel kräftig unterrühren.

➜ Die Kräuter und die Frühlingszwiebelringe unter den Joghurt heben und mit Salz und grobem schwarzem Pfeffer abschmecken. Falls das Dressing zu dickflüssig ist, kann etwas Milch zugegeben werden.

★ Das Kerbel-Dill-Joghurtdressing passt gut zu einem Gurkensalat.
Mit Sojajoghurt und -milch wird das Dressing vegan.

# Aprikosendressing

1 Handvoll Minzblätter,
½ Zitrone,
70 ml Aprikosennektar,
2 EL weißer Balsamicoessig,
1 TL Honigsenfsauce,
1 Prise Salz,
Pfeffer

➔ Die Minzblätter abzupfen und waschen, trocknen lassen und schließlich fein hacken. Eine halbe Zitrone auspressen.

➔ Den Aprikosennektar, den Essig und den Zitronensaft verrühren. Die Honigsenfsauce in die Marinade einrühren. Mit Salz und Pfeffer abschmecken.

# ⇨ Asiatische Kräuter-vinaigrette

3 Stängel Thai-Basilikum, 3 Stängel Koriandergrün, 1 kleine Chili, 6 EL Sonnenblumenöl, 1 EL Sesamöl, 2 EL Limettensaft, ein paar Spritzer Fischsauce, Salz, Pfeffer

→ Das Thai-Basilikum und das Koriandergrün gut waschen, trockenschütteln, die Blätter von den Stängeln befreien und hacken.

→ Die Chili waschen, den Stiel und die Kerne entfernen und die Schote in kleine Würfel schneiden.

→ Anschließend die Kräuter, die Chiliwürfel, das Sonnenblumenöl, das Sesamöl, den Limettensaft und die Fischsauce in ein höheres Gefäß geben und mit dem Pürierstab zu einer Vinaigrette verarbeiten. Mit Salz und Pfeffer abschmecken.

# Chutneys und Relishes

Feige, Gurke, Rhabarber, Kürbis, Aprikose …

# ➪ Feigen-Dattel-Chutney

40 g Datteln, frisch, 50 g getrocknete Feigen,
1 Stück Ingwer (ca. 0,5 cm), 50 ml milder Apfelessig,
1 EL Sesamsaat, 30 g brauner Zucker

➜ Die Datteln entkernen und in kleine Würfel schneiden. Die Feigen ebenfalls fein würfeln, das geschälte Ingwerstück durch eine Knoblauchpresse drücken und das Ganze über Nacht in 50 ml mildem Apfelessig einweichen.

➜ Am nächsten Tag den überschüssigen Essig abgießen und die Früchte mit einem Messer erneut etwas klein hacken.

➜ In einer beschichteten Pfanne die Sesamsaat ohne Fett goldbraun anrösten und beiseite stellen. Den braunen Zucker in der Pfanne leicht karamellisieren, die Datteln-Feigen-Mischung zugeben und ca. 5 Minuten weiterrühren, bis eine zähe Masse entsteht.

➜ Zum Schluss die Sesamsaat unterheben und das Chutney in sterilisierte Schraubgläser abfüllen.

# Kürbis-Aprikosen-Chutney

300 g Hokkaido-Kürbis,
1 mittelgroße Zwiebel, 1 Knoblauchzehe,
150 g getrocknete Aprikosen,
1 Vanilleschote, 50 g gehackte Mandeln,
Salz, 2 El Olivenöl,
200 ml Weißweinessig,
100 g Zucker, Pfeffer

Den Kürbis waschen, halbieren, entkernen und klein würfeln. Die Zwiebel und den Knoblauch schälen und fein hacken, die Aprikosen in kleine Stückchen schneiden. Die Vanilleschote mit einem spitzen Messer öffnen und mit der Messerspitze das Mark herauskratzen.

Die gehackten Mandeln in einer Pfanne ohne Öl mit etwas Salz bei geringer Hitze rösten. Die Zwiebelstücke in einem Topf mit etwas Olivenöl glasig dünsten.

Alle Zutaten bis auf die Mandeln zu den Zwiebeln geben und 1 Stunde köcheln lassen. Am Schluss noch die Mandeln unterrühren, nach Geschmack salzen und pfeffern. Das Chutney heiß in ein sterilisiertes Glas abfüllen.

# ⇨ Gurken-Senf-Relish

75 g Essiggurken,
1 EL milder Honig,
100 g mittelscharfer Senf,
2 Zweige Dill

➜ Die Essiggurken in feine Stückchen schneiden. Den Honig mit einer Gabel kräftig in den mittelscharfen Senf einrühren.

➜ Den Dill waschen, trockenschütteln, die feinen Zweige in kleine Stücke hacken und in den Senf geben.

➜ Am Schluss die Gurkenstückchen unter den Senf heben.

★ Gurken-Senf-Relish passt besonders gut zu Roastbeef, Hot Dogs und Hamburgern.

# Rote-Bete-Apfel-Chutney

200 g gekochte Rote Bete, 1 saurer Apfel, 50 g entsteinte Datteln, 1 Chilischote, 100 ml Himbeeressig, 3 kleine rote Zwiebeln, Olivenöl, 1 TL Grenadine, 60 g brauner Zucker, 50 ml Wasser, Salz, Pfeffer

➡ Die Rote Bete und den Apfel schälen, den Apfel entkernen und beides in kleine Stücke schneiden. Die Datteln entkernen und in kleine Würfel schneiden. Die Chilischote (mit Handschuhen!) klein hacken. Die gehackten Chilis in den Himbeeressig einrühren und die Früchte damit übergießen. 45 Minuten ziehen lassen.

➡ Die gehackten roten Zwiebeln in einem Topf mit etwas Olivenöl andünsten, bis sie glasig sind. Die Rote-Bete-Mischung, die Grenadine und den Zucker dazugeben, mit 50 ml Wasser 1 Stunde dünsten lassen. Nach Geschmack salzen und pfeffern.

➡ Das Chutney heiß in ein sterilisiertes Glas abfüllen.

# Pfirsich-chutney

6 mittelgroße Pfirsiche,
3 Schalotten,
1 Knoblauchzehe,
1 Stück Ingwer (2 cm),
2 EL Zucker,
70 ml Weißweinessig,
Salz

➜ Die Pfirsiche mit heißem Wasser überbrühen, abschrecken und dann häuten. Die Pfirsiche halbieren, entsteinen und in kleine Würfel schneiden. Die Schalotten, den Knoblauch und den Ingwer schälen und fein hacken.

➜ Alle Zutaten in einen Topf geben und bei mittlerer Hitze ca. 35 Minuten köcheln lassen. Nach Geschmack salzen. Das Chutney heiß in ein sterilisiertes Glas abfüllen.

# ⇨ Rhabarber-chutney

200 g Rhabarber, 1 Stück frischer Ingwer (2 cm), 1 Zwiebel, 50 g Rohrzucker, 1 Handvoll Rosinen, 60 ml Himbeeressig, 100 ml Wasser, Salz, Pfeffer

---

➔ Den Rhabarber waschen, putzen (holzige Enden abschneiden) und in 1 cm große Stücke schneiden.

➔ Den Ingwer und die Zwiebel schälen und klein hacken. Die Zwiebel und den Zucker in der Pfanne anbräunen, bis die Zwiebeln hellbraun karamellisiert sind.

➔ Die gebräunten Zwiebeln und alle anderen Zutaten zusammen mit 100 ml Wasser in einem Topf ca. 30 Minuten köcheln lassen. Mit Salz und Pfeffer abschmecken.

➔ Das Chutney heiß in ein sterilisiertes Glas abfüllen.

# Grünes Tomaten-Chutney

250 g grüne Tomaten z.B. Mirinda, 1 säuerlicher Apfel, etwas Zitronensaft, ½ rote Zwiebel, 1 Stück Ingwer (ca. 1,5 cm), 1 Chilischote, 2 EL getrocknete Cranberrys, 2 Gewürznelken, 1 Kardamomkapsel, 1 TL mittelscharfer Senf, 70 g Zucker, 100 ml milder Apfelessig

➡ Die Tomaten und den Apfel waschen, von Strunk bzw. Kerngehäuse befreien und in kleine Würfel schneiden. Die Apfelstückchen mit etwas Zitronensaft beträufeln, um eine Braunfärbung zu verhindern.

➡ Die halbe Zwiebel häuten und ebenfalls würfeln. Den Ingwer schälen und fein hacken. Die Chilischote waschen, entkernen und in feine Ringe schneiden.

➡ Das ganze Obst und Gemüse in einen kleinen Topf geben und die Cranberrys, die Gewürznelken, die Kardamomkapsel, den mittelscharfen Senf, den Zucker und den Apfelessig hinzufügen. Kurz aufkochen lassen. Anschließend ca. 20 Minuten bei niedriger Temperatur weiterköcheln lassen, bis die überschüssige Flüssigkeit eingedampft ist.

➡ Entweder das abgekühlte Chutney zum Essen servieren oder heiß in ein sterilisiertes Glas abfüllen.

PESTO

Tomate, Koriander, Kürbis,
Spinat, Pilze, Kresse, Paprika …

# ⇨ Korianderpesto

1 großes Bund Koriandergrün (ca. 45 g),
1 Chili,
50 g Erdnüsse, gesalzen,
10 El Erdnussöl,
1 El Sesamöl,
3–4 El Limettensaft,
Salz

➡ Das Koriandergrün gut waschen, trockenschütteln und die Blätter von den Stängeln befreien.

➡ Die Chili waschen, den Stiel und die Kerne entfernen und die Schote in kleine Würfel schneiden. Die Erdnüsse grob hacken.

➡ Anschließend die Korianderblätter, die Chiliwürfel, das Erdnussöl, das Sesamöl, den Limettensaft und die Erdnüsse in ein höheres Gefäß geben und mit dem Pürierstab zu einem sämigen Pesto verarbeiten.

➡ Zum Schluss mit etwas Salz abschmecken.

# Karottenpesto

20 g Cashewkerne,
100 g Karotten,
1 Knoblauchzehe,
2 + 5 EL Olivenöl,
½ TL Zucker,
5 Stängel Schnittlauch,
15 g Pecorino, frisch gerieben,
Salz, grober schwarzer Pfeffer

- Die Cashewkerne in einer guten beschichteten Pfanne ohne Fett goldbraun rösten.

- Die Karotten schälen und in Stücke schneiden. Den Knoblauch häuten und würfeln. Beide Zutaten in 2 EL Öl leicht anbraten, den Zucker darüberstreuen und etwas karamellisieren lassen. Anschließend etwas Wasser angießen und das Gemüse so lange dünsten, bis die Karotten bissfest sind.

- In der Zwischenzeit den Schnittlauch waschen, trockenschütteln und in feine Ringe schneiden.

- Nun das Gemüse, die Cashewkerne, den Pecorino, etwas Salz und 5 EL Olivenöl in ein hohes Gefäß geben und mit dem Pürierstab zu einem Pesto verarbeiten.

- Zum Schluss den Schnittlauch unterheben und das Pesto mit grobem, schwarzem Pfeffer würzen.

# ⇨ Kressepesto

20 g Cashewkerne,
1 Bund Basilikum,
2 Kästchen Kresse,
10 EL Olivenöl,
40 g Parmesan, gerieben,
Salz

➜ Die Cashewkerne hacken und in einer beschichteten Pfanne leicht anbräunen.

➜ Das Basilikum waschen, trockenschütteln und die Blätter von den Stängeln zupfen.

➜ Die Kresse abschneiden und mit allen Zutaten in ein höheres Gefäß geben. Anschließend mit dem Pürierstab zu einem cremigen Pesto verarbeiten und zum Schluss mit Salz abschmecken.

# Pikantes Tomatenpesto

50 g getrocknete Tomaten (ohne Öl),
Salz, 30 g Pinienkerne, 1 Knoblauchzehe,
1 kleine, rote Chilischote, 40 g Parmesan,
1 TL getrockneter Oregano, 10 EL Olivenöl,
Pfeffer aus der Mühle

---

→ Die getrockneten Tomaten in leicht gesalzenem Wasser ca. 5 Minuten kochen und anschließend abgießen. Währenddessen die Pinienkerne in einer beschichteten Pfanne ohne Öl leicht anbräunen.

→ Die Knoblauchzehe häuten und in feine Stückchen schneiden. Die Chilischote waschen, entkernen und in feine Ringe schneiden. Den Parmesan reiben.

→ Nun alle Zutaten in ein höheres Gefäß füllen, etwas frisch gemahlenen schwarzen Pfeffer zugeben und mit dem Pürierstab zu einer homogenen Paste verarbeiten. Falls das Pesto zu trocken ist, einfach noch etwas Olivenöl zugeben und erneut pürieren. Anschließend kann das Pesto in ein sterilisiertes Schraubglas abgefüllt werden.